Recomendaciones de ¡Celebra Quién Eres!

"Quedé asombrado por la forma tan acertada y completa que el resultado de la evaluación me describió. El nivel de detalle y fiabilidad del reporte demostró que nuestra pequeña inversión de tiempo, esfuerzo y dinero valió la pena."
-Tom W., Inversiones en Gas y Petróleo

"El nivel de detalle y profundidad de entendimiento que obtuve con el resultado de mi Estilo de Percepción es mucho mayor – e inmediatamente útil – que el de cualquier otra evaluación que he completado. La diferencia es simplemente increíble."
-Flo B., Abogada

"Claramente, recuerdo dos momentos a lo largo de mi experiencia con este programa en que me dije "¡Wow!". El primero ocurrió el día en que repartieron nuestros resultados de la evaluación. Todos los gerentes que participaron se reunieron en una sala de conferencias. Cada uno recibimos nuestros resultados y se nos agrupó alrededor del cuarto de acuerdo con nuestro Estilo de Percepción. Me acuerdo pensar que, en mi grupo, estaban aquellas personas con quien siempre me he llevado bien. Cuando el instructor empezó a hablar sobre el grupo, las descripciones que usó fueron tan reales que no pude ignorarlas. Cuando dijo, "¡Ustedes eran esos estudiantes que se sentaban en clase pensando que sabían más que el profesor!" Este fue mi momento de decir "¡Wow!" Nunca había confiado este pensamiento con nadie más, aunque verdaderamente lo pensé durante la mayor parte de mis estudios. Era como si este tipo pudiera leer mi mente. Fue entonces cuando decidí que lo mejor que podría hacer es no descartar este programa. Ustedes se ganaron mi atención."
-Eric D., Director Administrativo

"¡Celebra Quién Eres! me proporcionó importante perspicacia sobre quien verdaderamente soy, lo cual sirvió para callar la parte de mi mente que permanentemente critica todo y empezar a poner atención. Mi momento "¡Wow!" ocurrió cuando me di cuenta de que para salir adelante necesitamos utilizar nuestras habilidades. Debemos entender nuestras debilidades, pero no nos debemos enfocar en ellas, pues esto es frustrante y contraproducente. Cuando me desempeñaba como reclutador de ejecutivos, decíamos que era imposible enseñarle a cantar a un cerdo pues frustra al maestro e irrita al cerdo".

-Jonathan C., Ventas y Relaciones Públicas

"¡Celebra Quién Eres! es más valioso que DiSC, Myers-Briggs, o Birkman porque se puede aplicar de forma inmediata y fácil."

-Jim C., Gerente de Comunicaciones

Serie El Poder de su Percepción

¡CELEBRA QUIEN ERES!

Reclame sus fortalezas, Transforme su vida

Actividad
Estilo de Percepción

Lynda-Ross Vega
Gary M. Jordan, PhD

Traducción de Ricardo Alberto Vega García y Maria Elena Triviño Vega
Diseño de la portada del libro por Alejandro Martin – Bloom Design Agency

ISBN: 978-1-958087-16-9

Impreso en los Estados Unidos de América

Solicitud de permiso para hacer copias de cualquier parte de este libro se puede hacer a:
Vega Behavioral Consulting Ltd.
1540 Keller Parkway, Suite 108-324
Keller, TX 76248
(817) 379-9952

https://thepowerofyourperception.com/portada

¿Cree que su Estilo de Percepción™ es ACTIVIDAD?*

¡Entonces esta guía de acción fue creada especialmente para usted!

Prepárese para…

- Identificar las habilidades, dones y destrezas que son únicamente suyas.

- Aprender cómo potenciar sus fortalezas y aprovechar su potencial al máximo.

- Profundizar su autoconocimiento.

- Descubrir por qué interactúa fácilmente con algunas personas mientras que con otras siente que le desafían (y qué puede hacer al respecto).

Encontrará esta información en la guía *¡Celebra Quién Eres! – Estilo de Percepción llamado Actividad!*

Este guía de acción va más allá de ayudarle a comprender su visión integral del mundo y su papel en él; está repleta de consejos prácticos y ejercicios sobre su Estilo de Percepción para ayudarle a convertir la información en algo REAL para usted.

Esta guía de acción es una versión impresa de los resultados en línea que recibirá al realizar la Evaluación del Estilo de Percepción™.

Proporciona una revisión detallada de las principales fortalezas específicas al Estilo de Percepción llamado Actividad, según lo define la **Teoría del Estilo de Percepción™.**.

---

*Si aún no ha completado la Evaluación del Estilo de Percepción,
por favor hágalo antes de comprar este libro.

Visite https://thepowerofyourperception.com/portada

Obtenga más información acerca de la teoría sobre los
Estilos de Percepción™ en nuestro libro.

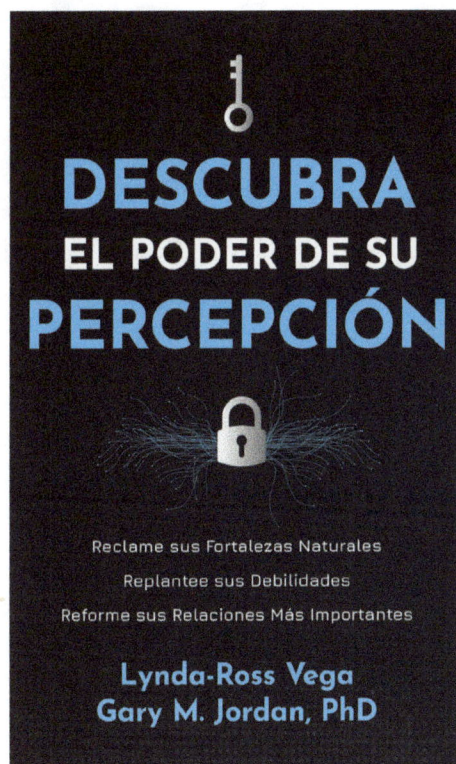

Disponible en Amazon.

Dedicado a
homenajear como usted es

y a nuestras familias y amistades
que celebran con nosotros

Tabla de Contenido

¡Bienvenido!

La vida es demasiado corta para no disfrutarla plenamente.

Probablemente existan personas haciendo fila para decirle lo que debe hacer mejor y que si solo se esforzara más, pudiera mejorar y encontrar el éxito y la felicidad. Aunque es cierto que hacer su mejor esfuerzo y esforzarse por mejorar son metas admirables, el truco es asegurarse que se está enfocado en sus habilidades y talentos naturales ... no en los de otra persona.

Entonces, ¿cómo sabe cuáles son sus habilidades y talentos naturales?

La respuesta a esta pregunta es la base de nuestro trabajo y el catalizador de más de 40 años de investigación y desarrollo de programas para personas como usted. **El objetivo principal de esta guía de acción y de todos nuestros programas, es ayudarlo a identificar y usar sus habilidades y talentos naturales.**

El primer paso es entender cómo encaja en el mundo, cómo percibe el mundo que lo rodea y cómo esa percepción influye en sus acciones. El propósito de *¡Celebra Quién Eres!* es ayudarlo a explorar y reclamar los aspectos únicos de su percepción. A medida que lo haga, sus habilidades y potencial innato se expandirá. Sus habilidades innatas y su potencial se expandirán y fortalecerán a medida que reclame el **Poder de su Percepción™**.

Esta guía de acción está organizada en secciones que proporcionan información sobre aspectos específicos de la forma en que usted ve el mundo, seguidas de preguntas diseñadas para ayudarle a aplicar estos conocimientos. Una vez que comience a leer, es posible que desee apresurarse hasta el final: hay mucha información excelente. Le recomendamos que **se tome el tiempo para reflexionar sobre cada sección** y considerar las preguntas presentadas: su experiencia será más personal y significativa.

Estamos muy contentos de que haya elegido emprender este viaje con nosotros. Aprenderá cosas nuevas sobre usted mismo, validará cosas que innatamente sabe que son verdaderas y se sentirá verdaderamente contento al confirmar quién es y cuál es realmente su potencial.

¡Saludamos su éxito!

Lynda-Ross y Gary

Introducción

Su viaje para reclamar sus habilidades y darse cuenta plenamente del poder que su percepción aporta a sus habilidades y talentos naturales comienza con *¡Celebra Quién Eres!* – un proceso de descubrimiento enfocado en ayudarle a comprender su visión integral del mundo y su parte en él:

- entender aquello que verdaderamente hace bien,

- ser reconocido y apreciado por lo que es, y

- sentirse confiado con su expresión personal de sus habilidades naturales.

La clave para entenderse a sí mismo es entender su **Estilo de Percepción™ (Perceptual Style™).**

El Estilo de Percepción, es la forma en que toma la información a través de sus cinco sentidos y la hace significativa para usted.

Su Estilo de Percepción actúa como un filtro entre la sensación y la comprensión. Está en el centro de quién usted es, e impacta sus valores, creencias, sentimientos y psicología.

Usted posee uno de los seis distintivos Estilos de Percepción. Las decisiones que toma, las acciones que toma y las direcciones que elige están influenciadas por su Estilo de Percepción, porque este define la realidad para usted.

Su Estilo de Percepción es
Actividad

2

Antes de revisar los detalles de su Estilo de Percepción

La evaluación de Estilo de Percepción que completó mide cuál de los seis Estilos de Percepción, describe la forma en que ve el mundo.

En las siguientes secciones de esta guía de acción, descubrirá la profundidad y riqueza de su Estilo de Percepción.

Encontrará una descripción general sobre la experiencia perceptiva de personas con quien comparte su estilo, al igual que detalles sobre las fortalezas y comportamientos específicos en diez habilidades críticas de la vida.

Recuerde que su Estilo de Percepción, no es solo un pasatiempo entretenido basado en conceptos psicológicos, sino una parte fundamental de quién usted es. Las decisiones y acciones que toma, al igual que las direcciones que elige, están influenciadas por su Estilo de Percepción. Su Estilo de Percepción define su realidad.

Su Estilo de Percepción es la base de todas sus fortalezas naturales, las habilidades con las que tiene el potencial de sobresalir verdaderamente con gracia y facilidad, debido a la forma en que ve y experimenta el mundo que lo rodea.

A medida que lea sobre cómo su Estilo de Percepción da forma a su enfoque en diversos aspectos de su vida, identificará las cosas que hace tan fácilmente que asume que todos tendrán la misma facilidad, pero ese no es el caso. ¡Son fortalezas características de su Estilo de Percepción!

También identificará habilidades que le parezcan nuevas. Estas son habilidades para las cuales tiene una capacidad innata debido a su Estilo de Percepción. Sin embargo, es posible que aún no haya tenido una razón para usarlas.

Encontrará que gran parte de la descripción del Estilo de Percepción, se adapta a usted cómodamente y validará su experiencia perceptiva.

Es importante tener en cuenta que es posible que no se relacione con todos los aspectos de su Estilo de Percepción, pero sabrá que es el suyo cuando el 80% o más de los detalles encajen.

A medida que lea esta guía de acción, esperamos que gane orgullo y confianza en las habilidades que puede reclamar fácilmente como suyas e identifique otras que le brinden nuevas posibilidades.

¡Comencemos!

Actividad - Experiencia Perceptiva

ada uno de los seis Estilos de Percepción entiende y experimenta el mundo de maneras fundamentalmente diferentes. Para entenderse a sí mismo, usted debe entender la naturaleza de su experiencia.

Con el Estilo de Percepción llamado Actividad, percibe el mundo como una experiencia dinámica y emocionante, enriquecida por una red personal de familiares, amistades y conocidos.

Usted es una persona muy activa, siempre haciendo algo. Sus amistades comentan que siempre parece estar en movimiento—pensando, haciendo o sintiendo algo.

Debido a que los patrones y las conexiones cambian constantemente, sabe que no puede absorber toda la riqueza de la vida a menos que esté acometido y participando en ella.

Para usted, la observación y el análisis son algo tedioso y aburridor, ya que hay demasiado que hacer, ver y experimentar para perder el tiempo en eso.

Su mundo es complejo donde nada es estático, y las piezas se reconectan constantemente en nuevos patrones y relaciones.

Tiene una intensa fascinación por las cosas que cautiven su imaginación, pero es igualmente intrigado por la siguiente cosa que aparezca y capte su atención. Debido a esto, usted ha sido acusado de tocar los temas muy por encima y de ser incapaz de comprometerse a una sola cosa. Por su parte, se ha mantenido constantemente enfocado en el contexto cambiante que le rodea, y no cambiar con él sería desconectarse de la vida.

Las redes y grupos que está creando, refinando y conectando constantemente sirven como fuentes de validación para usted.

Prospera con la retroalimentación positiva de quienes le rodean y busca activamente estar en el centro de las cosas.

Es sensible a la forma cómo las personas reaccionan y responden a su comportamiento.

Utiliza la retroalimentación directa y no verbal, para guiar sus acciones y verificar que los demás vean las cosas como usted, para asegurarse que lo que está haciendo se ajuste correctamente a la situación actual.

Usted aporta energía y vitalidad a sus actividades y, a menudo, es fundamental para poner cosas en marcha.

Cree que la vida debe ser divertida y productiva.

Su capacidad para ver cómo las cosas encajan entre sí, le permite implementar nuevos proyectos y dar vida a los planes.

Cuando los objetivos requieren atención a muchos detalles, análisis en profundidad o se vuelven repetitivos y rutinarios, usted se aburre. Abandonará cualquier cosa que le aburra tan rápido como comenzó a trabajar en ello. Cuando esto sucede en un entorno grupal, el grupo descubrirá de repente que se ha alejado en busca de otros grupos o actividades más interesantes y energizantes.

Le encanta contar historias y anécdotas, a veces para plantear un punto, pero a menudo solo para compartir su experiencia con otros, seguramente se beneficiarán tanto de la historia como lo hizo de la actual experiencia. Sin embargo, este estilo anecdótico, puede confundir e irritar a otros debido a su necesidad de sentar las bases y establecer un contexto desde el cual se pueda entender el punto de su historia. Debido a esto, a veces se comunica más de lo que otros quieren, necesitan o pueden asimilar.

Su capacidad para ver y desarrollar conexiones no se limita a sus relaciones con las personas. Basándose en conocimientos propios y experiencias previas de fuentes aparentemente no relacionadas, genera enfoques y resultados originales y distintivos.

Su don para detectar patrones y relaciones es tan efectivo en el mundo de los eventos, la maquinaria, los diseños de trabajo, las ideas y la expresión artística como lo es con sus amistades y familiares.

Su Estilo de Percepción llamado Actividad es la razón por la cual usted:

- disfruta el poder pasar una buena cantidad de tiempo con otros.

- siente lealtad personal hacia grupos y organizaciones.

- establece amistades rápidamente y sin esfuerzo, transformando el contacto impersonal en conexión personal.

- disfruta de estar en la mitad de todo.

- percibe los cambios de genio, sentimientos, incertidumbres, y reacciones de otros y de usted mismo.

- usa despliegues de buena voluntad para persuadir, obtener respaldo y aumentar cooperación.

- habla en forma fácil y cómoda con toda clase de gente durante conversaciones comunes y corrientes.

- siempre está dispuesto a encontrar nuevos amigos y conocidos.

- confirma la importancia de los buenos modales, respetar los conductos apropiados y la ética.

- se esmera por responder a las quejas, resolver problemas y hacer correcciones.

- obtiene información de fuentes personales mediante historias y conversaciones casuales.

- reconoce y acepta los sentimientos de otros y se preocupa por su bienestar.

- conoce un poco sobre un sinfín de cosas que han captado su atención.

- usa el humor para ayudar a tranquilizar a los demás (y a si mismo).

- se sumerge en las cosas que le llamen la atención.

- emplea historias y analogías para expresar su punto de vista en las conversaciones.

- le resulta difícil ser un simple observador durante largos períodos.

- por lo general, en cualquier momento dado tiene varios proyectos en proceso.

- le gusta estar activo; prefiere hacer a ver.

- cultiva extensas redes de amistades y conocidos.

- utiliza sus redes para conectar a las personas con necesidades mutuas.

- habilidosamente logra que otros se sientan incluidos en situaciones sociales.

- analiza a los participantes en una reunión y utiliza esta información para crear una experiencia confortable para todos.

Reflexión sobre la Experiencia Perceptiva

No es inusual reaccionar a la introducción inicial de su **Estilo de Percepción** con sentimientos de orgullo ("sí, lo hago bien"), un sentido de validación ("ahora que lo mencionas, ¡lo hago!") y algunas sorpresas ("¿en serio?").

A continuación, presentamos algunos ejemplos que lo ayudarán a reconocer cómo se refleja su Estilo de Percepción llamado Actividad en las cosas que hace.

- ¿Qué fue lo último que capturó su imaginación y energía? ¿Como se relaciona con los atributos y habilidades enumerados en la sección titulada *Experiencia Perceptiva*?

- ¿Cuál de las habilidades enumeradas en la sección titulada *Experiencia Perceptiva* utiliza para construir y mantener su red personal?

- Describe la última vez que ayudó a un amigo con un problema. ¿Cuál de las habilidades enumeradas en la sección titulada *Experiencia Perceptiva* empleó?

Adaptabilidad:
su respuesta a los cambios

El cambio es constante; es parte de su vida cotidiana. Hay cambios en el clima, la economía, las relaciones, las situaciones laborales, etc. El solo vivir cada día y envejecer trae cambios.

Algunos cambios son sorpresas, algunos cambios usted inicia, y algunos cambios simplemente parecen inevitables.

Es por eso que la adaptabilidad es una habilidad crítica para la vida.

La adaptabilidad se define, como la capacidad de adaptarse a nuevas condiciones o circunstancias. El aprovechar sus fortalezas relacionadas con su adaptabilidad, puede significar la diferencia entre la preocupación excesiva y el estrés frente a lidiar con los cambios en sus términos.

No existe una sola forma de ser adaptable. La verdadera clave de la adaptabilidad es saber qué es cómodo para uno mismo y cómo establecer ese nivel de confort con los cambios en su vida.

Las habilidades naturales que apoyan su adaptabilidad son esenciales para ayudarlo a comprender sus reacciones y niveles de tolerancia para cosas como:

- planificación

- toma de decisiones

- entornos caóticos

- estructura

- ambigüedad

- espontaneidad

- resolución de problemas

El adoptar sus habilidades de adaptabilidad, lo ayudará a elegir entornos de trabajo, relaciones y situaciones sociales donde prosperará y evitará aquellos que lo arrastrarán hacia abajo.

Con el Estilo de Percepción llamado Actividad, usted ve el cambio como una parte más de la vida que se experimenta.

Sabe que el mundo es complejo, y muy poco estático.

Usted cree que existen patrones fundamentales que son estables y que el cambio es solo variaciones diferentes de estos patrones básicos.

Se siente cómodo con el cambio y lo usa para mantenerse interesado, estimulado e involucrado.

Aunque disfruta de la novedad, le perturba cualquier cosa que desafíe o amenace con cambiar los patrones fundamentales que para usted significan la verdad.

Su Estilo de Percepción llamado Actividad es la razón por la cual usted:

- cree que la estructura básica de la realidad no cambia.

- rara vez ve la necesidad de declarar las cosas completas o resueltas.

- experimenta el cambio como algo continuo.

- vé al mundo moviéndose constantemente alrededor de patrones fundamentales.

Adaptabilidad:

- disfruta de variedad, novedad y nuevas actividades.

- requiere contexto sobre un cambio antes de aceptarlo.

- tolera altos niveles de caos.

- necesita la estructura suficiente para guiar sus acciones, pero encuentra más estructura de la necesaria desmotivadora.

- desconfía de la ambigüedad.

- aprecia la espontaneidad.

- afronta la resolución de problemas basándose en su experiencia personal.

- desarrolla estrategias originales, basándose en conocimientos personales y experiencias pasadas.

- evita entornos y tareas tediosos y aburridores.

Reflexión sobre la Adaptabilidad

A continuación, presentamos algunos ejemplos que lo ayudarán a reconocer cómo se refleja su Estilo de Percepción llamado Actividad en sus habilidades de adaptabilidad:

- Describa una situación reciente en la que ha iniciado un cambio.

- ¿Cómo convenció a otros de la razón del cambio?

- Describa un cambio que le causó incomodidad porque desafió una creencia o valor fundamental.

- ¿Qué atributos y habilidades enumerados en la sección titulada *Adaptabilidad*, utiliza para adaptarse a los cambios que le han impuesto otros?

Colaboración:
trabajo en equipo y cooperación

Interactuar en cooperación con otros, es una parte fundamental de la vida, y es un ingrediente crítico para las familias, amistades, actividades escolares y los entornos laborales y sociales. Prácticamente todos los aspectos de su vida son una oportunidad para la colaboración.

Muchos estudios en psicología y sociología demuestran la realidad que los seres humanos se marchitan en aislamiento y prosperan en comunidad. El dicho: "Ningún hombre es una isla", es cierto. Solos flaqueamos; juntos, podemos ver y lograr mucho más.

Como seres humanos, estamos programados para buscar comunidad, conectarnos con otros seres humanos y pertenecer. Sentirse conectado con los demás mejora nuestra salud física y bienestar mental y emocional.

La colaboración es el núcleo de la participación en la comunidad, ya sea que esa comunidad sea su familia, lugar de trabajo, amistades u otros grupos de personas.

Sin embargo, la colaboración puede ser muy desafiante porque debemos tratar con personas que ven las cosas de manera diferente a nosotros y que poseen diferentes habilidades y debilidades.

Con el **Estilo de Percepción** llamado **Actividad**, usted es un miembro enérgico de cualquier grupo, capaz de generar entusiasmo e iniciar la acción en forma efectiva.

Construye relaciones rápidamente y se sumerge totalmente en actividades que requieren trabajo en equipo.

Debido a que disfruta de la compañía de los demás, ya sea por trabajo o diversión, tiende a pensar en términos de "Nosotros" en lugar de "Yo".

Su emoción infunde energía en los demás, y sugiere formas nuevas y diferentes de enfrentar tareas o problemas rutinarios resultando en alternativas creativas.

Es sensible a las personas dentro de un grupo y busca coincidir las actividades con las habilidades de los participantes, para lograr que las otras personas se sientan incluidas, apreciadas e importantes.

Como miembro del equipo, se enfoca intuitivamente en el proceso del equipo. Cambia de tema o tareas e interpone humor e ingenio para revitalizar el equipo cuando el progreso es lento o esté atascado en los detalles.

Su **Estilo de Percepción** llamado **Actividad** es la razón por la cual usted:

- reagrupa a otros en torno a una idea.

- inicia actividades que fomenten la participación.

- involucra a miembros individuales para guiar al grupo a una decisión.

- inyecta diversión y humor en las actividades grupales.

- descubre obstáculos para el progreso del equipo a través de observación de las interacciones de sus miembros.

- promociona el trabajo en equipo para resolver problemas.

- facilita acuerdos sobre un curso de acción.

- hace respetar la estructura en los equipos de trabajo, prestando atención a los roles, el estado y las normas de los miembros del equipo.

- reconoce las contribuciones de otros hacia los logros del grupo.

Colaboración:

- coloca los objetivos grupales por encima del reconocimiento personal.

- asume la responsabilidad por sus propios errores.

- comunica un sentido de interés en cada miembro del grupo.

- acomoda los aspectos únicos de cada individuo en lugar de exigir conformidad o estandarización.

- coordina las actividades de los demás engatusando, alentando y animando los esfuerzos para lograr el resultado deseado.

- hace que las personas se sientan importantes y apreciadas.

Reflexión sobre la Colaboración

A continuación, presentamos algunos ejemplos que lo ayudarán a reconocer cómo se refleja su Estilo de Percepción llamado Actividad en sus habilidades de colaboración:

- Enumere los atributos descritos en la sección titulada *Colaboración* que reconoce en su propio comportamiento cuando forma parte de una comunidad o equipo.

- ¿Cuáles son las habilidades más fuertes que aporta a la colaboración y el trabajo en equipo?

- Describa una situación que demuestre su uso de estas habilidades.

Comunicación:
hablar, escribir y escuchar

La comunicación es la acción fundamental que une o separa a las personas.

Todos queremos que nos entiendan. Por lo tanto, buscamos las palabras y el tono correctos para transmitir nuestro mensaje. A menudo no reconocemos que cada uno de nosotros tenemos nuestro propio filtro de comunicación y, debido a ese filtro, lo que queremos decir no siempre es lo que otros escuchan y viceversa.

Las desconexiones en la comunicación nos suceden a todos. No es una indicación que nosotros o las otras personas estemos cortos de inteligencia. Tampoco quiere decir que usted no este poniendo atención o tratando de establecer una conexión. La realidad es que las palabras que elige, el significado que pretende y los desencadenantes de eventos que escucha están influenciados por su Estilo de Percepción.

Las palabras son un código que ponemos en nuestros pensamientos e ideas con el fin de comunicar nuestra intención y significado a los demás. El código que usa a diario para hablar, escribir y escuchar depende en gran medida de cómo percibe el mundo.

En el centro de su comunicación está su **Estilo de Percepción** llamado **Actividad**.

La forma en que ve el mundo y lo hace significativo para usted, está directamente relacionado con su manera de expresarse y escuchar.

Usted es un comunicador encantador que atrae a otros con un estilo anecdótico y personal.

Se siente cómodo hablando con una gran variedad de personas.

Usted establece rápidamente una buena conexión, al detectar con atención y precisión información personal sobre la situación actual de la otra persona.

Es sensitivo a las reacciones y respuestas de los demás y ajusta rápidamente su manera de hablar, postura y gestos para que se sientan cómodos.

El contenido de la conversación es secundario a la conexión con la persona con la que está hablando.

Desarrolla conexiones descubriendo, compartiendo y discutiendo intereses comunes, pero reúne mucho más de lo que revela.

Es un cuentacuentos irresistible con una presentación amplia, expansiva y animada.

Se comunica con historias y anécdotas para desarrollar un sentimiento de experiencia compartida, historia y comunidad.

Escucha tan bien como habla, pero se enfoca más en los detalles personales que en el contenido del orador.

Su estilo de escribir, al igual que su forma de hablar, es impresionista, personal y persuasivo.

Su **Estilo de Percepción** llamado **Actividad** es la razón por la cual usted:

- establece relaciones de forma rápida.

- se comunica con otros sobre asuntos personales con sutileza.

- comunica aceptación y comprensión.

- presta atención a los mensajes verbales y no verbales de los demás.

- habla de una manera expansiva, sincera y exuberante.

- le resulta difícil compartir simplemente los hechos y datos concretos sin contexto.

Comunicación:

- espera hasta entender el contexto y es posible que se le escape el punto que la otra persona está exponiendo si este no es claro.

- emplea gestos expresivos faciales y físicos.

- informa a través de historias y anécdotas.

- se enfoca en los problemas, el tono y los gestos de la otra persona.

- escucha activamente y está genuinamente interesado en la otra persona.

- crea contexto en su escritura, utilizando viñetas para información de fondo y observaciones que conduzcan a conclusiones.

- en medio de conversaciones, le es muy fácil caer en la trampa en que una historia le recuerde otra historia, problema, situación, etc.

- enfatiza su punto con ejemplos y analogías.

- escucha para entender los problemas que necesiten acción.

Reflexión sobre la Comunicación

A continuación, presentamos algunos ejemplos que lo ayudarán a reconocer cómo se refleja su Estilo de Percepción *llamado* Actividad *en sus habilidades de comunicación:*

- Describa una situación reciente cuando utilizó una historia para comunicar un punto importante. ¿Qué atributos y habilidades enumerados en la sección titulada *Comunicación* utilizó?

- El uso de emociones para comunicar un punto es algo que usted hace sin esfuerzo. ¿Qué atributos y habilidades enumerados en la sección titulada *Comunicación* usa para comunicarse emocionalmente con los demás?

- Describa una situación en la que escuchar se sintió como una carga o una experiencia aburridora. ¿Qué lo hizo así?

- ¿Quién le felicitó recientemente por ser un buen oyente? ¿Cuáles fueron las circunstancias?

Conflicto:
cómo lidiar con la oposición
y el desacuerdo

Uno pensaría que los seres humanos, dada su necesidad de establecer comunidad, hubieran encontrado una solución al conflicto interpersonal hace muchos años.

Hubiera sido maravilloso, pero desafortunadamente el conflicto interpersonal es un resultado natural de la interacción humana. Las personas ven el mundo de manera diferente, tienen distintos valores y expectativas, y no siempre comparten los mismos objetivos o posibilidades.

Como seres humanos, todos deseamos pertenecer a algo, que se nos valore y que le agrademos a los otros. Si partimos de la suposición, que otras personas tienen buenas intenciones y no están tratando de irritarnos o insultarnos, es más fácil darnos cuenta que simplemente ellos no ven la situación de la misma manera que nosotros (lo más probable es que tengan un Estilo de Percepción diferente).

Al tener en cuenta este concepto, se suaviza el dolor de las desconexiones. No es personal; es una perspectiva diferente.

El tener conflicto en su vida es inevitable. Ya sea que los conflictos sean menores o graves, usted posee habilidades naturales para ayudarlo a lidiar eficazmente con la oposición y el desacuerdo.

Con el **Estilo de Percepción** llamado **Actividad**, usted ve el conflicto como una realidad inevitable.

Aunque su enfoque es directo, usted usa chistes y bromas para mitigar el impacto de su comentario crítico.

Sabe que el conflicto arraigado es dañino para los demás, y da marcha atrás cuando sienta que se le fue la mano. Cuando esto ocurre, dedicará sus energías para la construcción y el mantenimiento de la relación y relegará el conflicto a algo para otro día.

Con su capacidad para entender a las personas y el contexto, a menudo estará consciente de un conflicto significante antes que los demás.

Se siente incómodo cuando el conflicto interpersonal se deja sin resolver, e ignorará otras actividades hasta que se difumine.

Usted es un solucionador de problemas por naturaleza y a menudo desarrolla soluciones antes que la otra persona explique completamente su posición.

Utiliza sus redes para construir alianzas y disolver conflictos destacando los intereses y beneficios mutuos.

Usa su encanto natural e interés genuino en otras personas para ayudar a persuadir y engatusar a otros a distender conflictos para que puedan resolverse.

Su **Estilo de Percepción** llamado **Actividad** es la razón por la cual usted:

- percibe el potencial o principios de un conflicto antes de que ocurra.

- desarrolla puntos en común desenredando las reclamaciones contradictorias.

- enfatiza la cooperación y anima a las personas a ayudarse mutuamente en lugar de competir.

- prefiere discutir y considerar todas las ideas y puntos de vista cuando otros difieren en lugar de forzar una decisión sobre ellos.

- habla abiertamente sobre temas interpersonales que estén creando conflictos o desconexiones.

- urge la resolución de conflictos proporcionando soluciones e inscribiendo la aceptación de otros.

- obtiene la resolución de conflictos mediante el establecimiento de un estrecho vínculo personal con las partes en conflicto.

- se involucra personalmente en la resolución de conflictos, ya sea que se vea afectado directamente o no.

- usa el humor para romper la tensión mientras mantiene reconocimiento del conflicto y lo empuja hacia su resolución.

- replantea el conflicto utilizando un contexto nuevo o diferente y un tacto fino para cambiar la perspectiva y fomentar un mayor diálogo.

- comprende la importancia de la historia, contexto y dinámica interpersonal de un conflicto, y no se apresura a una resolución hasta que todos los participantes sean tomados en cuenta.

Reflexión sobre el Conflicto

A continuación, presentamos algunos ejemplos que lo ayudarán a reconocer cómo se refleja su **Estilo de Percepción** *llamado* **Actividad** *en la forma en que se enfrenta al conflicto:*

- Describa un conflicto entre otras personas que se le pidió ayudara a resolver. ¿Qué habilidades enumeradas en la sección titulada *Conflicto* usó?

- ¿Cuándo creó un conflicto sin saberlo a través de burlas o sarcasmo? ¿Cómo lo resolvió?

- Describa la última vez que se vio personalmente envuelto en un conflicto. ¿Cómo lo resolvió?

Liderazgo:
inspirar y guiar a otros

Básicamente, el Liderazgo se define como inspirar y guiar a un grupo de personas para lograr un objetivo común. En esencia, el liderazgo combina el arte y la ciencia para atraer seguidores, señalar una dirección y luego guiar e influir en sus seguidores para lograr los objetivos.

Muchos tratarán de convencerlo que existe una sola forma para ser un líder efectivo. O que, si usted no es una persona naturalmente extrovertida, autoritaria o visionaria, no podrá ser un líder efectivo. Simplemente esto no es cierto. El verdadero éxito de un líder ocurre de adentro hacia afuera - usando sus habilidades naturales para guiar e inspirar a otros a lograr grandes éxitos.

Todo el mundo tiene la capacidad de ser un líder eficaz, incluso excepcional. No existe un solo conjunto de rasgos o comportamientos que garanticen el éxito. Existe SU manera de ser un líder, basada en sus habilidades naturales.

Con el **Estilo de Percepción** llamado **Actividad**, le resulta imposible estar al margen dirigiendo a los demás. Se inmerse en las tareas por hacer y trabaja junto a los que está liderando.

Lidera mediante el uso de relaciones para administrar el poder. Cultiva relaciones con otros a través de la interacción casual y el intercambio de información personal.

Desarrolla fácilmente relaciones con personas en todos los niveles dentro de un grupo u organización, y posee el tacto de política necesario para aprovechar estas relaciones para implementar su propia agenda.

Conecta selectivamente a otros y revela fragmentos claves de información para desarrollar alianzas y dar forma a la dirección de los eventos.

Su encanto y capacidad para recordar detalles personales desarrolla confianza que le da influencia más allá de su posición. Esto le permite ejercer el liderazgo hacia arriba, hacia abajo y lateralmente dentro de cualquier grupo u organización, ya que ignora los límites formales.

Es experto en coordinar tareas, actividades e ideas complejas que involucran a muchas personas y direcciones.

Usted explica las pautas dentro de las cuales se deben realizar las actividades y anima a otros a experimentar para encontrar la forma más efectiva de obtener resultados.

Lidera y atrae seguidores indirectamente al promocionar a aquellos cuyas habilidades y objetivos coinciden con su propia experiencia.

Interactúa frecuentemente con su equipo para obtener estatus y verificar la comprensión individual de las tareas, la necesidad de información o ayuda.

Usted se enfoca rápidamente en los seguidores que no estén completamente comprometidos y es experto en descubrir y atender a lo que sea que los detenga de su plena participación.

Se esfuerza por hacer que las cosas sean divertidas y animadas, asegurándose que sus seguidores tengan muchas cosas que lograr como equipo, pero se sientan apreciados y reconocidos como individuos.

Su **Estilo de Percepción** llamado **Actividad** es la razón por la cual usted:

- se gana la amistad de grupos o facciones opuestas.

- desarrolla confianza y compenetración en las relaciones.

- anima a otros a hacer sugerencias para mejorar los procesos.

Liderazgo:

- hace que las personas se sientan importantes y apreciadas.

- usa a las personas, sus intereses y datos personales para incluir a otros en la conversación.

- guía las actividades de otros para que no entren en conflicto con las estructuras formales o informales de poder.

- influye en los colegas tanto dentro como fuera de su grupo para que proporcionen favores e información.

- identifica a quién se puede contactar informalmente para obtener información clave.

- son expertos y respetuosos del protocolo, el decoro y los modales.

- son conscientes de las sutilezas y complejidades de las relaciones grupales.

- desarrolla amistades y vínculos con personas claves que piensa podrán influir o afectar su éxito.

- se pone a la disposición de aquellos que desean información, servicio o ayuda.

- inyecta diversión y humor en las actividades.

Reflexión sobre el Liderazgo

A continuación, presentamos algunos ejemplos que lo ayudarán a reconocer cómo se refleja su Estilo de Percepción *llamado* Actividad *en la forma como enfoca el Liderazgo:*

- Enumere los atributos descritos en la sección titulada *Liderazgo* que reconoce en su propio comportamiento.

- ¿Cuáles son sus habilidades más fuertes de liderazgo?

- Describa una situación que demuestre su uso de estas habilidades.

Aprendizaje: adquisición de nuevos conocimientos y habilidades

El aprendizaje, cuando somos adultos es una experiencia completamente diferente a cuando somos niños. Específicamente el hecho que como adultos el proceso es mucho más autodirigido.

Como niño, uno aprende porque nuestros padres y maestros nos ordenan a hacerlo, y ellos califican y monitorean nuestro progreso.

Como adulto, es más probable que se dedique a estudiar por una razón particular, como el conocimiento y las habilidades relacionadas con su trabajo o autodesarrollo personal. Y es más probable que elija temas que tengan un impacto inmediato en su vida cotidiana o laboral.

Un aspecto del aprendizaje que no cambia con el tiempo es su preferencia por la forma cómo se le presente la información. Hay tres métodos generales de aprendizaje:

- Visual (imágenes, gráficos, palabra escrita),

- Auditivo (historias, canciones, discusiones), y

- Kinestésico (experiencial, actividades, juegos de rol).

Debido a su Estilo de Percepción, usted responde a los tres métodos de aprendizaje, pero prefiere una combinación única de estos para maximizar su conocimiento y crecimiento.

Con el Estilo de Percepción llamado Actividad, es un aprendiz experiencial que aprende mejor sumergiéndose en la acción.

Quiere vivir personalmente lo que aprende, no solo leer sobre ello.

Los temas que captan su interés absorben su tiempo a medida que los explora.

Una vez haya absorbido todo lo que pueda sobre un tema, dirige su atención a la siguiente experiencia que capture su interés.

Debido a que persigue cualquier cosa que cautive su interés, su base de conocimientos es amplia y diversa, pero variable en profundidad.

Usted es muy apto en lo referente a estudios que pueda hacer a su propio ritmo, donde pueda experimentar la adquisición de nuevos conocimientos de acuerdo con su nivel de interés.

Se aburre fácilmente con presentaciones secas donde abunden los datos, como conferencias y lecturas técnicas.

Su Estilo de Percepción llamado Actividad es la razón por la cual usted:

- valora la experiencia y el compromiso.

- disfruta escuchando la historia de otra persona.

- aprende compartiendo experiencias con otros.

- prefiere el aprendizaje a su propio ritmo que le permita explorar a su antojo.

- se desconecta rápidamente en situaciones de aprendizaje aburridos.

- trata de interponer el humor y la diversión en el aprendizaje.

- elude conferencias y presentaciones largas.

Aprendizaje:

- disfruta de podcasts y audiolibros en los que experimenta una conexión con el tema y los presentadores.

- prefiere participar en la aplicación práctica de discusiones donde todos los participantes propongan ideas al estudio personal.

- busca opiniones y orientación de otras personas que tengan experiencia en el tema.

- desarrolla contexto para un nuevo aprendizaje, basándose en las experiencias pasadas.

- aprende mejor haciendo.

- ve los errores como una parte valiosa del proceso de aprendizaje.

Reflexión sobre el Aprendizaje

A continuación, presentamos algunos ejemplos que lo ayudarán a reconocer cómo se refleja su Estilo de Percepción *llamado* Actividad *en la forma como enfoca el aprendizaje:*

- Identifique algo que recientemente se propuso a aprender ¿Cómo implementó el proceso de aprendizaje?

- Describa la experiencia de aprendizaje formal más agradable que haya tenido.

- ¿Cómo se comparan estas dos experiencias de aprendizaje que acaba de describir? ¿Qué habilidades enumeradas en la sección titulada *Aprendizaje* usó en cada una?

Persuasión:
convencer a los demás

La persuasión es el acto de convencer a otros que estén de acuerdo con su punto de vista, adopten una perspectiva particular o tomen un curso de acción que usted sugiera. Es el proceso de presentar información y razones que motivan o cambian el pensamiento de otra persona.

La retórica—el arte de la persuasión—ha sido estudiada y discutida durante miles de años por personas como Platón y Aristóteles, entre muchos otros. A Aristóteles se le atribuye generalmente la creación de los pilares fundamentales de la retórica en su tratado *Retórica*, publicado alrededor del año 330 AEC.

Con toda esa historia, es inevitable que ambas palabras, "retórica" y "persuasión", tengan connotaciones positivas y negativas. Al igual que la palabra "ventas", pensamos en la persuasión como positiva cuando las intenciones y los resultados son positivos para ambas partes y negativos cuando las intenciones son manipuladoras y los resultados no son del mejor interés de la otra persona.

En esta sección, nuestro enfoque será específicamente relacionado en las habilidades positivas y esenciales relacionadas con la persuasión. Estas habilidades le ayudan a interactuar de manera efectiva con otros en casa y en el trabajo. ¡Imagínese cómo sería planificar unas vacaciones familiares si no tuviera habilidades de persuasión!

Con el **Estilo de Percepción** llamado **Actividad**, usted persuade enérgica y entusiastamente empleando el humor y sus dotes teatrales.

Entabla conversaciones con cualquier persona y es un experto en convertir encuentros casuales en oportunidades para persuadir.

Es sensitivo sobre su impacto en los demás e inconscientemente ajusta su comportamiento basándose en las señales proporcionadas por sus reacciones.

Utiliza un lenguaje gráfico cargado de imágenes que despierta un fuerte atractivo emocional, influye en la perspectiva y cambia el estado de ánimo y la actitud.

Utiliza su testimonio personal en lugar de beneficios conceptuales para involucrar a otros y disolver la resistencia.

Su **Estilo de Percepción** llamado **Actividad** es la razón por la cual usted:

- basa la persuasión en su conocimiento de las aspiraciones, intereses, metas, experiencia e información personal.

- continuamente cultiva posibles contactos.

- establece conexiones de forma inmediata.

- usa su conocimiento de la otra persona para hacer que sus ejemplos y conversación se relacionen con ellos personalmente.

- atiende continuamente a la retroalimentación y como consecuencia, ajusta cómodamente su técnica.

- educa explicando características y beneficios.

- permite que los demás tengan tiempo suficiente para desahogar sus sentimientos negativos y así reducir la resistencia.

- revalida las decisiones o puntos de vista de los demás reforzando su experiencia positiva y compartiendo su entusiasmo.

- ayuda a la comprensión de los demás, enfatizando un segundo punto solo cuando captan el primer punto.

Persuasión:

- usa representaciones visuales, muestras y demostraciones para hacer que los beneficios sean tangibles.

- deja a los demás con la sensación que controlan su propia decisión.

- usa historias personales y lecciones aprendidas para amplificar los puntos que hace.

- comparte el contexto de su opinión, el por qué y cómo llegó a las conclusiones que tiene.

- toma el tiempo para escuchar la opinión o perspectiva de la otra persona.

- contrarresta la resistencia con más historias y contexto.

- utiliza ejemplos del pasado para enfatizar las probabilidades del presente y las posibilidades del futuro.

- solicita soporte de su red, utilizando su validación como un hecho aceptado de confirmación sobre su punto de vista.

Reflexión sobre la Persuasión

A continuación, presentamos algunos ejemplos que lo ayudarán a reconocer cómo se refleja su Estilo de Percepción llamado Actividad en la forma como enfoca la persuasión:

- Describa una interacción reciente en la que persuadió, convenció o le vendió algo a otra persona. ¿Qué habilidades enumeradas en la sección titulada *Persuasión* usó?

- ¿Cuáles son algunos ejemplos de situaciones cuando ha usado el humor, las historias o el entusiasmo para persuadir a otros?

Automotivación:
crear un incentivo personal
para la acción

En su forma más simple, la automotivación es la capacidad de convencerse a hacer algo. Desarrollar entusiasmo personal e inspiración para tomar acción.

La automotivación es el catalizador de las metas que establece para sí mismo. Ella desarrolla su deseo de lograr sus metas, establece su compromiso con la acción y le ayuda a superar su miedo a lo desconocido o al fracaso.

La automotivación es una habilidad crítica porque le mantiene poniendo un pie delante del otro cada día de su vida.

Hay cosas que usted <u>quiere</u> hacer dependiendo del nivel de satisfacción que espera recibir cuando las haga. Divertirse es un gran ejemplo.

Y hay cosas que debe hacer para lograr algo tangible como el dinero u otras cosas, o intangible como el control o el estatus. Ir a trabajar es un buen ejemplo.

La automotivación es lo que le impulsa a la acción tanto por lo que quiere hacer como por lo que necesita hacer.

Con el **Estilo de Percepción** llamado **Actividad**, está motivado por la oportunidad de realizar nuevas actividades y experiencias.

Se involucra en numerosas actividades, disfrutando del constante movimiento y variación.

Disfruta de la gente y a menudo llena su agenda con reuniones, llamadas telefónicas y compromisos sociales.

Le gusta estar en medio de la acción y sentirse completamente involucrado. El ser un espectador casual, no es un papel agradable para usted.

Necesita sentir que la gente le está respondiendo. La ausencia de retroalimentación es muy desmotivadora para usted.

Prefiere establecer muchos objetivos a corto plazo, como listas diarias de "tareas pendientes", para así poder enfocar sus actividades y motivarse para llevar las cosas a su conclusión. A veces se distrae (en realidad, eso puede suceder con bastante frecuencia), pero eso no le preocupa porque se completó algo más y todavía existen más cosas en la lista para mañana.

Se siente desmotivado por personas, situaciones o actividades que experimenta como aburridas o poco interesantes.

Se siente motivado por las oportunidades para una nueva interacción interpersonal, nuevas experiencias de aprendizaje y resolución de problemas.

En su mente personas y lugares que son rutinarios o tediosos, son mortales para su sentido de vitalidad y los excluye o evita.

Las oportunidades para encontrar algo nuevo o tener una nueva aventura, reavivarán su emoción y energía.

Su **Estilo de Percepción** llamado **Actividad** es la razón por la cual usted:

- le encanta estar involucrado.

- desarrolla redes sociales y empresariales que utiliza para conectar a las personas consigo mismo y con otros dentro de las redes.

- busca ser valorado por los demás.

Automotivación:

- se siente perdido y confundido cuando se le priva de nuevas actividades por realizar.

- disfruta y trabaja bien en colaboración con otros.

- encuentra la forma de inyectar un cierto nivel de diversión, incluso en las tareas más arduas.

- necesita que su papel y contribución estén claramente delineados.

- confía en su experiencia para ayudarse a descubrir nuevas formas de hacer las cosas que tiene que hacer.

- enfoca desafíos de frente con la convicción que la única manera de resolverlos es tomando acción.

- siente que el aislamiento y la rutina tediosa son tan desmotivadores que lo llevan a punto de abandonar la actividad.

- comparte su automotivación y entusiasmo para inscribir a otros en sus actividades.

.

Reflexión sobre la Automotivación

A continuación, presentamos algunos ejemplos que lo ayudarán a reconocer cómo se refleja su Estilo de Percepción *llamado* Actividad *en la forma como enfoca la automotivación:*

- Describa la última vez que estaba realmente entusiasmado por hacer algo.

- ¿Qué parte de la situación anticipó más?

- ¿Cuál fue el aspecto más agradable del evento en sí?

- ¿Cómo se correlaciona la experiencia que describió con los atributos y habilidades enumerados en la sección titulada *Automotivación*?

Interacción Social:
entornos y situaciones preferidas

La interacción social describe a dos o más personas que establecen conexión mediante conversación. Puede ser tan corto y directo como decir "Hola" a alguien en la línea de pago y recibir una respuesta del mismo modo, o también puede ser tan complejo como una reunión de las Naciones Unidas.

La ciencia ha demostrado que la interacción social es de vital importancia para su salud mental y física. Los estudios han señalado que las personas que tienen relaciones satisfactorias con los demás (familiares, amistades, compañeros de trabajo, etc.) son más felices y saludables, mientras que aquellas con ausencia de interacción social, tienen una vida más corta. ¡uyy!

La interacción social es obviamente esencial en su vida. Lo que también es interesante es que prosperará en algunas situaciones sociales y entornos, pero será miserable en otras debido a su Estilo de Percepción.

Con el **Estilo de Percepción** llamado **Actividad**, usted prefiere entornos en los que pueda moverse libremente e interactuar con los demás.

Usted es el anfitrión consumado en las reuniones sociales, moviéndose constantemente entre los grupos de conversación, notando quién está al margen y atrayéndolos a participar.

Disfruta de entornos laborales y sociales que sean estimulantes y llenos de oportunidades para la actividad.

Prefiere entornos con límites y estructuras claramente definidas, pero poco trazadas. Usa estos límites para guiar su comportamiento, aunque los empujará, torcerá o romperá, ya que para usted son simplemente guías no límites.

Debido a que disfruta de las personas y es naturalmente curioso, puede sentirse cómodo en la mayoría de los entornos sociales y laborales.

Los entornos que limiten su capacidad para entablar conversaciones lo desgastan rápidamente.

Los entornos muy formales se sienten restrictivos para usted. Si bien reconoce la importancia de los buenos modales, los canales adecuados, etc., la formalidad excesiva le cansa y desconecta.

Usted es un oyente activo en entornos donde esté interesado en el tema de la conversación y pueda relacionarse con él (y tal vez tener una historia que contribuir).

Su **Estilo de Percepción** llamado **Actividad** es la razón por la cual usted:

- prefiere actividades orientadas a las personas.

- disfruta del contacto con una amplia variedad de personas.

- prefiere la diversidad y el movimiento.

- pierde el interés y se desconecta de las conversaciones que le parecen aburridoras o tediosas.

- quiere conocer los límites, pero rara vez los respetará plenamente.

- disfruta de entornos dinámicos donde pueda participar por completo.

- prefiere configuraciones que permitan una amplia gama de acciones.

- puede volverse inquieto en configuraciones que encuentre sofocantes.

- busca entornos que sean estimulantes y atractivos, y que contengan novedad, cambio y sorpresa.

- en un entorno de mucha gente, usted pasa de una conversación a otra y cambia fácilmente de tema dependiendo de lo que despierte su interés.

Reflexión sobre la Interacción Social

A continuación, presentamos algunos ejemplos que lo ayudarán a reconocer cómo se refleja su Estilo de Percepción llamado Actividad en la forma como enfoca la interacción social:

- Haga una lista de algunas de las cosas que le gusta hacer.

- ¿De los atributos descritos en la sección titulada *Interacción Social*, cuales son comunes dentro la lista que creó anteriormente?

- Describa una situación en la que se haya sentido limitado por las reglas, límites o limitaciones impuestas externamente. ¿Cómo trabajó dentro de este "sistema"?

Orientación del Tiempo: perspectiva sobre el pasado, presente y futuro

La orientación del tiempo describe, cómo sus pensamientos, sentimientos y comportamientos, están influenciados por su perspectiva del tiempo.

La orientación del tiempo proporciona un marco para organizar sus experiencias en tres categorías: pasado, presente y futuro, y determinar el énfasis relativo que pone en cada una de estas categorías del tiempo.

Debido a su Estilo de Percepción, usted tiene una perspectiva específica sobre cómo se relaciona con el pasado, presente y futuro.

La orientación del tiempo es un factor importante en las diferencias de opinión entre usted y otras personas sobre lo que es importante. Esta no es obvia, pero influye profundamente en sus valores y sus decisiones sobre lo que debe ser atendido.

Inclinarse hacia una categoría del tiempo, no significa que esté atrapado allí. Es simplemente el marco de referencia con el que comienza.

Por ejemplo, algunos Estilos de Percepción se inclinan hacia el pasado (valoran las lecciones aprendidas, la experiencia y las tradiciones). Unos se inclinan hacia el presente (lo que está sucediendo ahora). Y otros se inclinan hacia el futuro (lo que debería suceder y lo que podría ser posible).

Con el Estilo de Percepción llamado Actividad, tiene un fuerte sentido del pasado.

Orientación del Tiempo:

Utiliza su experiencia previa al igual que las extensas lealtades y conexiones desarrolladas anteriormente, como una guía para comprender el presente.

Si bien respeta la tradición y la ceremonia, está dispuesto a alterarlas para satisfacer las necesidades actuales.

Es el sentimiento y el significado del ritual que busca mantener, no la definición estricta de los roles y el comportamiento.

Disfruta de nuevas experiencias, pero utiliza historias y anécdotas para definir el presente y vincularlo con el pasado.

Cree que el futuro cambiará continuamente, pero no será muy diferente al pasado o el presente, y estará lleno de nuevos eventos y aventuras por experimentar.

Su **Estilo de Percepción** llamado **Actividad** es la razón por la cual usted:

- utiliza recuerdos y experiencias para ayudar a tomar decisiones hoy.

- es leal a las conexiones personales que se desarrollaron durante actividades pasadas.

- disfruta presentando nuevos amigos a los viejos amigos.

- tiene un fuerte sentido de la historia y la valora.

- aprecia el concepto de "lecciones aprendidas".

- respeta la tradición y la ceremonia.

- mira hacia el futuro como un lugar para continuar las experiencias positivas del presente y pasado.

- navega por el presente apoyándose en su percepción de las necesidades emocionales de quienes le rodean.

- forma conclusiones sobre el presente basándose en lo que sucedió en el pasado.

- busca información sobre experiencias pasadas de otros, cuando se enfrenta a una nueva situación.

- predice acciones y consecuencias futuras, basándose en realidades pasadas.

- se enfoca más en métodos comprobados que en vagas posibilidades.

Reflexión sobre la Orientación del Tiempo

A continuación, presentamos algunos ejemplos que lo ayudarán a reconocer cómo se refleja su Estilo de Percepción *llamado* Actividad *en la forma como enfoca su Orientación del Tiempo:*

- ¿Qué tradiciones valora más? ¿Por qué?

- ¿Cómo se correlacionan las tradiciones que más valora con los atributos descritos en la sección titulada *Orientación del Tiempo*?

- ¿A cuál de sus amigos/conocidos conoce desde hace más tiempo? ¿Qué hace para mantenerse en contacto?

Aspectos destacados de cada uno de los seis Estilos de Percepción

Ahora que ha descubierto más sobre su Estilo de Percepción, tomemos unos momentos para ver los seis Estilos de Percepción y cómo se relacionan entre sí.

Los seis Estilos de Percepción proporcionan experiencias claramente diferentes del mundo.

Estas diferencias, demuestran una profunda diversidad psicológica y perceptiva que es la diversidad más esencial que existe. Ayuda a explicar las diferencias en la forma que las personas piensan y actúan.

Los seis Estilos de Percepción describen la gama completa de la realidad perceptiva.

Todo el mundo tiene un Estilo de Percepción que es innato e inmutable. Su Estilo de Percepción está integrado en su ser y crece con usted a medida que se envejece y desarrolla.

Las experiencias a lo largo de su vida influyen en su expresión del Estilo de Percepción, pero no lo cambian.

Estudios científicos confirman que los seis Estilos de Percepción se distribuyen uniformemente en la población general, y no hay diferencia con respecto al género, raza o cultura.

Los seis Estilos de Percepción tienen fortalezas y desafíos únicos. Veamos algunos aspectos destacados de cada estilo:

Aspectos destacados de cada uno de los seis Estilos de Percepción

- **Actividad** – Las personas con el Estilo de Percepción llamado Actividad se lanzan a la vida de cuerpo entero. Se involucran plenamente con la confianza de que los detalles se resolverán por sí mismos.

  La dirección, ideas y actividades surgen como resultado de la acción constante y la participación con los demás y su entorno.

  Permanecen involucrados hasta que surge alguna nueva posibilidad o interés que capte su atención.

  Cultivan extensas redes de amigos y asociados.

  Comparten sus experiencias usando muchas historias, anécdotas y ejemplos.

- **Ajustes** – Las personas con el Estilo de Percepción llamado Ajustes ven el mundo como una realidad objetiva que se puede conocer si se toman el tiempo para recopilar información completa sobre sus complejidades y complicaciones.

  Se dedican a la adquisición y aplicación de conocimientos como base para su experiencia de vida.

  Disfrutan compartiendo sus conocimientos con otros y obteniendo nueva información de investigaciones o conversaciones.

  Ven una realidad objetiva, incluyendo complejidad y los efectos dominó.

  Son comunicadores cuidadosos y competentes que utilizan eficazmente los matices, el ingenio irónico y la precisión en el lenguaje.

  Tienen un fuerte sentido de la diplomacia y proyectan una certeza tranquilizante.

- **Fluido** – Las personas con el Estilo de Percepción llamado Fluido ven un mundo ricamente texturizado donde las piezas encajan y apoyan y dependen unas de otras.

Ven la compleja conectividad, aparentemente no relacionada, entre personas, entornos y situaciones.

Desarrollan y mantienen relaciones con gente poderosa a quien tratan con un toque personal para crear y mantener unidas comunidades de familia, amistades, compañeros de trabajo, organizaciones, etc.

Valoran la historia y la tradición y honran la continuidad entre el pasado, el presente y el futuro.

Se conectan fácilmente con otros resaltando los puntos en común y compartiendo ideas.

Confían en el flujo continuo de experiencias y creen que lo que es importante y necesario surgirá tarde o temprano.

- **Metas** – Las personas con el **Estilo de Percepción** de llamado **Metas** ven un mundo en el que las posibilidades se combinan con hechos para crear objetivos que alcanzar, problemas por resolver y ventajas a aprovechar.

  Poseen un sentido de urgencia y claridad de propósito.

  Se pasan la vida enfocados en el logro de resultados específicos y objetivos bien definidos.

  Evalúan todas las actividades basándose en su posible contribución hacia el logro del resultado esperado.

  Son comunicadores fuertes y seguros que hablan con claridad y fuerza de opinión.

  Son decisivos y expertos en mantener estructura en situaciones caóticas.

- **Métodos** – Las personas con el **Estilo de Percepción** llamado **Métodos** perciben un mundo sensible, lógico y fáctico, y su enfoque es racional y práctico.

Se enfocan en cómo se deben hacer las cosas y disciernen la mejor forma de hacerlo.

Saben que incluso la tarea más compleja siempre se puede dividir en una secuencia de pasos simples.

Creen que los hechos, cuando se presentan adecuadamente, hablarán por sí mismos.

Toman a las personas tal cual parezcan. Dicen lo que quieren decir y quieren decir lo que dicen y esperan que otros hagan lo mismo.

Su capacidad para ver la estructura e imponer el orden les permite ayudar a otros a funcionar frente al caos y la incertidumbre.

- **Visión** – Las personas con el **Estilo de Percepción** llamado **Visión** perciben el mundo como un lugar de infinitas posibilidades, lleno de opciones y oportunidades.

Buscan oportunidades donde puedan tener un impacto, marcar la diferencia y dejar su huella.

Se enfrentan a las realidades de una situación con serias intenciones, una perspectiva optimista que se encontrará una solución y la confianza en que siempre existe otras alternativas por explorar.

Dependen de su intuición y toman decisiones rápidamente basándose en la información disponible.

Funcionan bien con información incompleta y parcial y no necesitan todos los detalles para establecer un curso y participar en la acción.

Son altamente persuasivos y fácilmente convencen e inspiran a otros a unirse a ellos.

Interacción entre Estilos de Percepción

¿Alguna vez ha escuchado a alguien decir: "Los opuestos se atraen" o "Los pájaros de una bandada de plumas se agrupan"?

Definitivamente hay algo de verdad en ambos dichos.

Pero también es cierto que los opuestos se repelen, y los pájaros de un mismo plumaje se aburren entre sí.

El Estilo de Percepción ayuda a explicar dinámicas interpersonales como la atracción y la aversión.

Lo que ve es real para usted, pero lo que otros ven es real para ellos. Todos usamos el filtro de la percepción para darnos sentido a nosotros mismos.

Existe una relación teórica bien definida entre los seis Estilos de Percepción.

Si pensamos en la realidad perceptiva como un gran círculo, entonces cada Estilo de Percepción tiene su propia "porción del pastel", como se muestra en la tabla a continuación.

Relación entre Estilos de Percepción

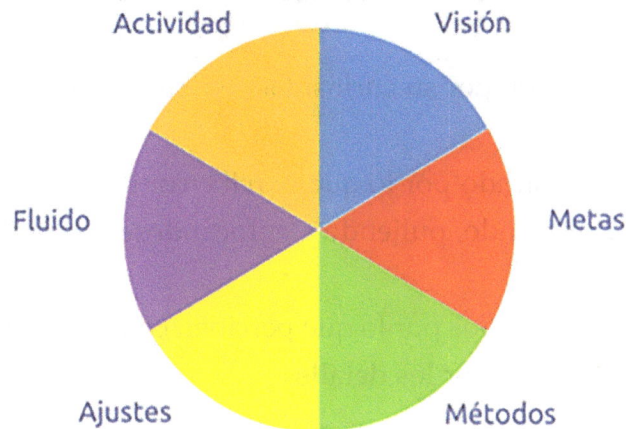

Notas del gráfico circular:

- No hay parte superior o inferior en el gráfico, puede girarlo de la manera que desee, pero los estilos siempre permanecen en las mismas relaciones.

- Los colores no tienen ningún significado, aparte de hacer que el gráfico se vea bonito.

Cada Estilo de Percepción tiene un Opuesto directo, dos Vecinos (uno a cada lado) y dos Saltando Uno (ni un Vecino ni un Opuesto). Aunque los seis son psicológicamente únicos, cada Estilo de Percepción comparte algunas similitudes con los estilos vecinos.

Cada estilo también es atraído y repelido por su estilo opuesto, y cada uno encuentra los estilos en que hay que saltarse uno para tocarlo algo desconcertantes.

Entonces, ¿Qué le significa esto cuando interactúa con otras personas?

Como era de esperar, su Estilo de Percepción llamado Actividad es el núcleo de su experiencia con los demás.

A continuación, algunos aspectos destacados de lo que puede esperar cuando está interactuando con cada Estilo de Percepción:

- **Actividad** con **Ajustes** (Saltando Uno). Se sentirá atraído por su disposición a escuchar sus historias, hábil uso del lenguaje y rápida comprensión de los matices.

  Ellos sentirán atracción por su curiosidad, energía y sentido del humor.

  Usted se sentirá frustrado por lo que percibe como su renuencia a seguir avanzando por estar refinando, puliendo y enfocándose en detalles innecesarios.

  Ellos se sentirán frustrados por lo que perciben como su superficialidad, falta de minuciosidad y desdén por los detalles.

- **Actividad** con **Fluido** (Vecinos). Se sentirá atraído por su capacidad para construir y honrar comunidad con los demás, su fascinación por las personas y relaciones, al igual que por su sensibilidad por el estado emocional de los demás.

  Ellos se sentirán atraídos por su espontaneidad, sinceridad, interés e involucramiento con las personas.

  Usted se sentirá frustrado por lo que percibe como su falta de voluntad para cambiar, insistencia en un ritmo constante en lugar de apresurado, y su aferramiento al pasado y la tradición.

  Ellos se sentirán frustrados por lo que perciben como su enfoque en los individuos en lugar de la comunidad, fácil distracción y sarcasmo, al igual que por su desprecio por las tradiciones.

- **Actividad** con **Metas** (Saltando Uno). Se sentirá atraído por su audaz confianza en sí mismo, sentido de urgencia y claridad de propósito.

  Ellos se sentirán atraídos por su alto nivel energía, su orientación a la acción y su diversa red de amistades y conocidos.

  Usted se sentirá frustrado por lo que percibe como un enfoque "terco", la falta de conciencia sobre su impacto en las personas y su incapacidad para reírse de sí mismo y de sus debilidades.

Ellos se sentirán frustrados por lo que perciben como falta de enfoque, sus tonterías y la constante necesidad de atención.

- **Actividad** con **Métodos** (Opuestos). Se sentirá atraído por su alta tolerancia para la repetición y rutina, capacidad para crear procedimientos precisos (de tipo paso a paso) y capacidad para proseguir con los planes establecidos.

Ellos se sentirán atraídos por su capacidad para realizar múltiples tareas simultáneamente, espontaneidad y amplia gama de intereses.

Usted se sentirá frustrado por lo que percibe como su falta de voluntad para "romper las reglas", necesidad de orden y denegación a dejarse llevar por la emoción de cualquier idea.

Ellos se sentirán frustrados con lo que perciben ser su falta de aprecio por la estructura, incapacidad para ajustarse a las reglas y la rutina, y superficialidad.

- **Actividad** con **Visión** (Vecinos). Se sentirá atraído por su intuición, disposición a tomar medidas, explorar nuevas ideas, y su capacidad para priorizar.

Ellos se sentirán atraídos por su entusiasmo, curiosidad y capacidad para establecer fácilmente una relación con los demás.

Usted se sentirá frustrado por lo que percibe como su necesidad de tener siempre la razón, falta de voluntad para reducir la velocidad y escuchar, y frecuentes cambios ad hoc de dirección.

Ellos se sentirán frustrados por lo que perciben como su falta de enfoque, anécdotas constantes y necesidad de tener que estar en el centro de todo.

- **Actividad** con **Actividad** (Espíritu Afín). Sin necesidad de explicaciones, eexperimentará un vínculo casi instantáneo a medida que se relaciona rápidamente.

¡Se encontrará asintiendo con la cabeza e incluso terminando las frases del otro! Puede ser una experiencia emocionante.

El vínculo que experimenta con alguien que comparte el mismo Estilo de Percepción puede ser tan fuerte que las diferencias entre ustedes tardarán un tiempo en reconocerse.

Pero tarde o temprano, se sentirá frustrado y sorprendido cuando las diferencias amenacen la conexión que se hizo aparentemente sin esfuerzo. Las experiencias individuales de sus vidas crean las diferencias que cada uno de ustedes expresa en su Estilo de Percepción.

Todos somos amalgamas de nuestras experiencias de vida, Estilo de Percepción y específicos rasgos de personalidad.

La clave para entender las diferencias que usted encuentre con alguien que comparta su Estilo de Percepción es comprender que estas son expresiones individuales basadas en la experiencia de vida de cada uno y no son una traición personal.

Cuanto más se entienda a sí mismo, más entenderá sobre cómo y por qué se difiere de los demás. Se sentirá cómodo disfrutando de lo que hace mejor, aceptando a los demás por sus diferencias y valorando lo que esas diferencias contribuyen a su mundo.

¡Comencemos la Celebración!

Bueno, es hora de ir más allá del factor "y qué". Mejor dicho, "Todo esto es muy interesante, pero ¿y qué?"

Ir más allá del factor "y qué" es un desafío que requiere que usted haga más que simplemente leer la descripción de su Estilo de Percepción.

Aun cuando se hubiera identificado un 100% con las habilidades y comportamientos naturales de su Estilo de Percepción, si simplemente lo guarda en el archivo titulado "Lo volveré a ver algún día", no obtendrá el beneficio de usar y aumentar sus habilidades naturales.

Su Estilo de Percepción es más que un simple ejercicio intelectual e incorporar sus habilidades naturales en su vida requiere un poco de trabajo de su parte.

¡Su Estilo de Percepción es real!

Su Estilo de Percepción no es solo un concepto psicológico entretenido, sino una parte fundamental de lo que es.

Ya sea que esté consciente de ello o no, su Estilo de Percepción impacta su vida a diario.

Hasta ahora, es posible que haya pasado por su vida cotidiana con poca o ninguna conciencia de su Estilo de Percepción. El desafío está en utilizar activamente el nuevo conocimiento que ha adquirido para empezar a hacer más de lo que mejor sabe hacer.

Usar la información de esta guía de acción para comprender su Estilo de Percepción es solo el primer paso.

El segundo paso es aceptar su Estilo de Percepción como parte de lo que es.

El tercer paso es aceptar su Estilo de Percepción haciendo un esfuerzo consciente para explorar las diferentes formas en que se puede expresar en su vida y descubrir los matices sutiles de las ventajas que tiene gracias a sus habilidades naturales.

Veamos cada paso con un poco más de detalle.

Primer Paso: Comprensión

El primer paso para aceptar quién es requiere entender su Estilo de Percepción y cómo se adapta a usted.

Es posible que todo lo descrito en esta guía de acción no le aplique en un 100%.

Debido a experiencias a lo largo de su vida, hay cosas que lo diferencian de otros.

Esta guía de acción ha sido diseñada para ayudarle no solo a aprender sobre su Estilo de Percepción, sino también para ayudarle a descubrir aquellos aspectos de la forma cómo los expresa que hacen de usted, una persona única.

Tómese el tiempo necesario para completar los ejercicios de reflexión, incluidos al final de cada sección de esta guía de acción. Le ayudarán a identificar su forma de expresar su Estilo de Percepción como parte de su comportamiento diario y así permitiéndole personalizar la información presentada.

Segundo Paso: Aceptación

Una cosa es entender su Estilo de Percepción, pero otra muy distinta es aceptar plenamente lo que esto implica.

Cuando aprende por primera vez sobre su Estilo de Percepción, es emocionante a medida que se identifica con las habilidades, fortalezas y comportamientos que son naturales para usted.

Hay un tremendo poder en la validación personal que proporciona la experiencia de aprender su Estilo de Percepción. Muchos lo han descrito como la primera vez que se sienten verdaderamente comprendidos.

Entender que algo que usted siempre pensó cualquier persona seria capaz de hacer es en realidad una habilidad solamente suya es algo verdaderamente gratificante.

Pero, así como su Estilo de Percepción apoya una amplia gama de habilidades y comportamientos, cada uno de los otros 5 Estilos de Percepción también apoya su propio conjunto único de habilidades y comportamientos.

Es un hecho de la vida que nadie tiene la capacidad de dominar todas las habilidades que pertenecen a otros Estilos de Percepción. Simplemente estamos siendo fácticos, ya que hay límites a lo que cualquiera de nosotros puede dominar fuera de nuestro propio repertorio natural. Así somos los seres humanos.

No hay porqué entrar en pánico. A nivel conceptual, su primera reacción será que la noción de no poder dominar todo se siente muy limitante e incómoda. Después de todo, ¿no nos han dicho a todos una y otra vez que "puede lograr cualquier cosa que se proponga"?

Claro está que hay mucha verdad en esa afirmación, pero también hay un gran precio. Cuando se proponga a dominar habilidades que no están en su repertorio natural, podrá llegar a ser muy competente en ellas. Sin embargo, debido a que no son naturales para usted, lo desgastarán más rápido y le impedirán aprovechar toda la gama de sus fortalezas naturales.

Si está enfocado en adquirir habilidades asociadas con otros Estilos de Percepción, algunas de sus habilidades naturales se desvanecerán en el fondo y permanecerán inactivas.

Descubrirá muchas cosas por ahí que no querrá dominar de todos modos y encontrará un alivio al descubrir que esas cosas son habilidades naturales para otra persona, y no tendrá que hacerlas usted.

Por lo tanto, aceptar plenamente su Estilo de Percepción significa reclamar su capacidad natural y reconocer que hay habilidades y comportamientos para los cuales no tiene potencial innato.

Tercer Paso: ¡Celebración!

La celebración se refiere al sentirse bien acerca de quién es y dónde encaja en el mundo. Es usar conscientemente sus habilidades naturales y perfeccionarlas hasta convertirlas en fortalezas.

Significa entender que no todo el mundo ve el mundo como usted, y eso está bien.

Es sentirse cómodo de que no puede hacerlo todo y aliviado de no tener que hacerlo.

Es aceptar cumplidos por lo que hace bien y reconocer la autosatisfacción al emplear sus habilidades naturales.

Es dejar de lado la necesidad de convencer a todos de que sean como usted y aceptarlos por lo que son. Porque si no fueran diferentes, usted no pudiera brillar tan intensamente gracias a sus fortalezas únicas.

Es explorar toda la gama y profundidad de su potencial natural.

¡Es hacer más de lo que mejor sabe hacer!.

Tiene habilidades para las cuales posee un potencial innato que están esperando ser utilizadas.

¡Estas habilidades son fáciles para usted porque reflejan aspectos de quién fundamentalmente es! Claro, pueden requerir un poco de desarrollo, pero encontrará que los esfuerzos utilizados usando sus talentos naturales son productivos, significativos y gratificantes.

El Poder de su Percepción le permite elegir conscientemente hacer más de lo que mejor sabe hacer.

Use esta guía de acción para ayudarle a identificar lo que hace bien, realmente disfruta y sobre lo que otros a menudo le felicitan. ¡Entonces busque oportunidades para hacer esas cosas más a menudo!

El Poder de su Percepción le ayudará a explorar los aspectos únicos de sus talentos y dones permitiéndole llenar su vida con actividades y personas que le brinden alegría y satisfacción.

La vida es demasiado corta para no disfrutarla plenamente y lograr el éxito que se merece.

Sobre los Autores

Lynda-Ross Vega Lynda-Ross Vega ha estado fascinada, desde que era niña, con entender que hace funcionar a la gente. Su curiosidad por la diversidad humana y las formas de lograr que las personas se desempeñen en la forma más productiva la llevó a una carrera multifacética en las áreas de banca, tecnología y consultoría conductual.

Entre los cargos que ha desempeñado están incluidos: Ejecutiva de alto nivel, Empresaria, Propietaria de negocios, Consultora, Asesora Ejecutiva, Coach, Hija, Hermana, Esposa, Madrastra y Abuela.

Lynda-Ross es una experta en aprovechar el poder de la percepción para ayudar a las personas y organizaciones a implementar cambios, potenciar la colaboración y desarrollar el talento.

Lynda-Ross es una ávida lectora, entusiasta cocinera y fanática de la música. Le gusta caminar con su setter irlandés Kinsey, hacer ejercicio en su estudio local de barre, pasear con amistades y familia y disfrutar de vacaciones en los parques y en la playa.

Ella y su esposo, Ricardo, se retiraron de sus trabajos corporativos en 1994, formaron su propia empresa y todavía siguen viento en popa. En su tiempo libre, disfrutan pasando el tiempo con familiares y amistades, viendo fútbol de la Premier League (en realidad, casi cualquier nivel de fútbol), viajando, escuchando música, leyendo sobre la historia y presenciando obras de teatro en vivo.

Puede conectarse con Lynda-Ross en:
Website: https://thepowerofyourperception.com/portada
Linked In: linkedin.com/in/lyndarossvega
Instagram: https://www.instagram.com/lyndarossvega/
Facebook: https://www.facebook.com/descubraelpoderdesupercepción

Gary Jordan, PhD, posee más de 40 años de experiencia en psicología clínica, evaluaciones de comportamiento, desarrollo individual y coaching. Obtuvo su doctorado en psicología clínica del Colegio de Psicología Profesional parte de la Universidad de California-Berkeley en 1980.

Aunque siempre estuvo fascinado por las teorías de "tipos" y "estilos", Gary no encontró que ninguna de estas teorías integrara la experiencia interna con el comportamiento observable. Empezó a desarrollar una teoría práctica, útil y fiable una vez que presentó su tesis doctoral y continuando a lo largo de sus años de practica privada.

Gary es un experto en ayudar a las personas a entenderse a sí mismas y usar esos conocimientos para alinear sus acciones con su potencial natural.

Entre sus muchos pasatiempos e intereses, Gary es un instructor en Shaolin Kenpo que posee un cinturón negro en esa disciplina. Gary y su esposa Marcia, se conocieron cuando ella se inscribió en una de sus clases. Ellos disfrutan coordinando en trabajos paisajistas en su jardín, diseño de interiores y proyectos con muebles.

Puede conectarse con Gary en:

Website: https://thepowerofyourperception.com/portada

Linked In: https://www.linkedin.com/in/gary-jordan-ph-d-4475b011/

Facebook: https://www.facebook.com/descubraelpoderdesupercepción